Jannys KOMBILA

EXALTATIONS ET LAMENTATIONS

Du même auteur :

RIMES D'ENFANT (Poésie) Août 2010 Edition Books on Demand

HYBRIDE ROMANCE et La complainte de la vierge souillée (Théâtre) Août 2010 Edition Books on Demand

© 2010 Jannys Kombila
Edition : Books on Demand GmbH, 12/14 rond-point des Champs Elysées, 75008 Paris, France
Imprimé par Books on Demand GmbH, Norderstedt, Allemagne
ISBN 978-2-8106-1904-7
Dépôt légal : septembre 2010

La justice sociale se fonde sur l'espoir, sur l'exaltation d'un pays, non sur les pantoufles.

Charles de Gaulle

« Lorsque les armes se taisent, le bruit est remplacé par les lamentations des morts, relayées par les soupirs des survivants »

Moses Isegawa
Extrait des chroniques abyssiniennes.

« Pourquoi le monde n'est-il pas parfait ? »

Paroles d'enfant
Inscription sur le Mur des Lamentations

Jannys KOMBILA

EXALTATIONS ET LAMENTATIONS

A vous…

YOLANDE MOULOUNGUI
Jean- Paul MAMBOUNDOU
Chantal MBOUMBA
Scholastique KOMBILA
Mireille KOMBILA
Côme KOMBILA
Clara Elodie KOMBILA
D'olive Davy KOMBILA
Hermann KOMBILA
Anita KOMBILA
Guillaume NGUELE

Arnaud Fleury, Laury Chardin, Lydia, Félisa, Paule Ingrid, Isadora, Gans, Candy, Koudou, Jenny, Joël, Mam's de Moabi, Dieudonné, Marie- claire, Sylvie, Caryle, Cinthya, Melissa, Grace, Lulu, Joël, Armelle, Dorian, Clara, Andro, Yvon, Kemp ASS. David G. Reck, Francky, Brice, Bamba, Nicky, Daryl, Vidal BIYOGHO, Ange, Alice. Alda, Nina, hermann, Ladyslas, Olga, Ghislain, Alain, Fofo, Stacy, Germain IBOUILI.

A Serge ABESS, Edmond OKEMVELE, Rentch ONANGA, Luc Michel ANGARA.
Paola MINKUE, Larance MOUELE, Linda MENGUE, hermann ANOTHO,Esteban B.
Léon OSSAVOU MEBIAME, Deavon, Manis, Milena, Marina MBOUMBA, Aisha M.
Emmanuelle NZIENGUI, Ingride R, Lorène, Nick QUABEN, Najma Mamie, Junior OTEMBE NGUEMA, Charles MOMBO, Didier TABA, Régis MASSIMA, Manuela.
MASSOUS MA MOUNGUENGUI, François NGWA, Marlène, Dora, Francine ONDO.
Christian M. Léocadie ABEME, Armelle, Marlène, Ghislaine, Raïssa, Armel, Alain Marguerite CHELERS.
Stécy Ivan, Estelle ANOTHO…Luc Arnaud MEZUI
Famille Victor OMBWIRI et Chantal RIYOGOT

A Maman Georgette KOMBILA, moi le fils toi la mère, comment te témoigner cette affection sans cesse assidue…

A Ma rose basanée, toi qui me donne amour et constance… Adriana Melissa OMBWIRI

EXALTATIONS ET LAMENTATIONS

MA POESIE

Ma poésie…
C'est ma toile melliflue
Ma prose qui s'arrime
Ma rime qui explose
C'est mon cercle céleste
Mon vrai ciel d'émotion
Mon kief…
Mon essence pérenne
C'est mon univers vermeil
Mon friselis de printemps
Mon tam-tam de sensations
C'est la main qui couche
La perception qui me touche
C'est la poétique mirobolante
Qui séduit mon être
Et rassérène mon âme

(…)

Ma poésie…
C'est mon Ecriture qui vit
Mes mots qui sévissent
L'absurdité des choses
C'est le langage aiguillon
Le mutisme et le cri
L'abysse et l'esquisse
Lisez !
Scrutez !
Ma poésie
Avant de vous éteindre
Dans cette subreptice lecture
Qui ne vous laissera dans la tête
Un émoi sans humeur de fouet

Ma poésie…
C'est vous et moi
Face au monde

Jannys KOMBILA

LE CHANT DE LA LIBERTE

Ces hymnes qui nous parlent en son épique
Un règne une vie sociale dans les tropiques
Le peuple attend depuis des années écoulées
La liberté non celle des indépendances écrouées

Un chant nouveau nous assemble en chœur
C'est le refrain des damnés oubliés sans heur
Plus jamais les supplices au droit d'expression
La justice est aussi nôtre, abats les oppressions

Combattons les hommes de loi et leur luxure
Ils sèment le trouble et vivent dans le luxe sûr
L'existence nous enseigne sans adages énoncés
L'injustice est comme ces écueils décrets annoncés

Je chante pour mon peuple asservi et indolent
Je chante pour ma patrie malade somnolant
Je chante pour ma mère alanguit mais debout
Je chante pour mon père mort avec ses atouts

(…)

On vit mal on se sent pale on ne sourit plus
L'espoir est une complainte en songe déplu
Que nous restent-ils quand tout nous accuse
La peur nous hante comme ces âmes recluses

Nos luttes ont perdu les armes de la révolution
Plus personne ne croit encore à notre évolution
Tout s'en va comme cette fumée des incendies
La fermeté d'hier devient aujourd'hui maladie

S'en est assez des regards d'affamés vomis
Des défavorisés à qui on a toujours promis
Un meilleur être social une existence tolérable
Un épanouissement sans condition défavorable

Je chante pour mon peuple asservi et indolent
Je chante pour ma patrie malade somnolant
Je chante pour ma mère alanguit mais debout
Je chante pour mon père mort avec ses atouts

Jannys KOMBILA

MA MUSIQUE

Ma musique c'est le tambour qui gronde
Quand l'Afrique s'éveille à l'autre monde
Une nouvelle histoire des hominiens noirs
Une démocratie qui pleure les corps d'hoirs

Ma musique c'est le piano qui fredonne
Les airs enchantant des idylles de madone
Une romance affable sans félonie précoce
Une félicité comme une étoile d'or de noce

Ma musique c'est la harpe qui rassérène
Une douceur d'âme à l'empreinte sereine
Une touche suscitant l'évasion de l'esprit
Un glissement des doigts qui rend épris

Ma musique c'est le balafon des toubabs
A la résonnance haute comme un baobab
Une culture aux couleurs de panachage
Un savoir faire qui traverse tous les âges

(…)

Ma musique c'est le tambour qui gronde
Quand l'Afrique s'éveille à l'autre monde
Une nouvelle histoire des hominiens noirs
Une démocratie qui pleure les corps d'hoirs

Ma musique c'est la guitare qui transpose
Les humeurs des passionnés en osmose
Une folie de son éclectique qui cabriole
Une éclosion de fumigène qui s'étiole

Ma musique c'est la sanza des orateurs
Un tambourinement ardu des amateurs
Belle acoustique un frissonnement de note
Un air de mon enfance loin des parlotes

Ma musique c'est le violoncelle des femelles
Un petit ange à la mansuétude de mamelles
Emporte-moi en bruissement de rossignol
L'inclination est là sous les écrits de Pagnol

Jannys KOMBILA

CARNET D'EVASION

A jamais nous partirons vers d'autres paysages
Goûter à toutes les cultures voir d'autres images
Nous irons sans races sans préjugés comprendre
Les hommes et les femmes pour nous apprendre

A jamais nous partirons vers les rêves voilés
Nous baigner dans les rivières ambrées étoilées
Partager nos joies vos peines changer nos vies
Oublier les humeurs mornes, rechercher l'envie

A jamais nous partirons vers les montagnes
Sentir l'air s'ouvrir à l'amour de la campagne
Arpenter les obstacles de destin des faux hasards
Regarder le monde d'en haut sans vision hagard

A jamais nous partirons vers l'inconnu chemin
Des larmes d'émotion asséchées sur nos mains
Une carte postale comme un souvenir inoubliable
Des rires et des sourires sur les vallées de diables

A jamais nous partirons vers nos vraies origines
Retrouver la chaleur des nôtres sans trop de spleen
Des retrouvailles comme un vieux cliché solitaire
Renaître auprès des siens et renouer avec sa terre

Jannys KOMBILA

MEDISANCE

Ils m'ont traité de pauvre humoriste
Sans savoir ce qu'est un vrai artiste
Ils ont traîné mon nom dans la fange
Sans savoir que ma sensibilité est ange

Ils m'ont traité de pauvre arriviste
Sans savoir ce qu'est un altruiste
Ils ont traîné mon tort sans éthique
Oubliant que la vertu n'est critique

Ils m'ont traité de pauvre attentiste
Sans savoir ce qu'est un opportuniste
Ils ont traîné mon sort dans la pénombre
Mais mon étoile est loin d'être une ombre

(…)

Ils m'ont traité de pauvre hasardeux
Sans savoir ce qu'est un aventureux
Ils ont trainé mon corps dans la fiente
Sans savoir que mon âme est hélianthe

Ils m'ont traité de pauvre écrivain
Sans savoir que les mots ne sont vains
Ils ont trainé mon falot vers la décrépitude
Ignorant la fermeté qui vainc la turpitude

Ils m'ont traité de pauvre guillocheur
Sans savoir que le génie est auteur
Ils ont trainé mon savoir dans le doute
Et me voilà parti vers la céleste voûte

Jannys KOMBILA

MON IDENTITE

J'ai perdu mon identité quand j'ai quitté mon pays
Des images de moi menaçant les hommes en treillis
Une société folle comme l'ambiance ivre visible
Des routes recousues au tapis de morts plausibles

J'ai perdu mon identité quand j'ai jeté mon fanion
Un vert jaune bleu terni par les fraudes des élections
Une approbation contestée mais la cour l'homologue
Des balles confluentes la plèbe cherchant le dialogue

J'ai perdu mon identité quand j'ai refusé de défiler
Une date qui rappelle la liberté des peuples pillés
Un « marque le pas » à la mémoire de la servitude
Un salut aguiché qui dénote la typique négritude

J'ai perdu mon identité quand j'ai renié le PDG
Ils ont spolié ma voix, condamné ma voie érigée
Tout s'est obscurcit sous ce nimbus noir des gueux
Ils ont tendu leurs mains aux gouvernants fougueux

(…)

J'ai perdu mon identité quand j'ai tout abandonné
Ma famille, mes amis, mes groupies et randonnées
Ma passion, mon talent, mes desseins et diligences
Il ne me reste que le vélum lacéré d'une résurgence

J'ai perdu mon identité quand j'ai cru à mon terroir
J'ai vu dans mon rêve une nation prospère en ivoire
Forte et belle un sol riche comme le giron de la vierge
Une société de laborieux une diplomatie de concierge

J'ai perdu mon identité quand j'ai pactisé avec Dieu
J'ai rejeté les fanums et leurs aspirations dispendieux
J'ai honoré ma foi au créateur sans jamais m'astreindre
Aux lois des hommes qui nous encouragent à s'éteindre

J'ai perdu mon identité quand j'ai changé de nationalité
Un exil volontaire un besoin de renaître sans personnalité
Un nouveau visage une vision plus sage loin des combats
Des jugements des dépendances et des quartiers d'en bas…

Jannys KOMBILA

AUBE SUR MON EXISTENCE

L'aube arrive sur les ramures encore endormies
L'air est frisquet sur les frondaisons raffermies
La nuit s'en est allée après une terrible tempête
Le jour chante la vie quand les oiseaux s'apprêtent

Voilà la nature s'éveillant dans son charme éthéré
Et l'humanité poussant des meuglements effarés
Un éclat de soleil sur le miroir de l'existence
Des fleurs fanées aux couronnes de pénitence

Ici c'est le quotidien des hommes involontaires
Des mains dévêtues travaillant sans cesse la terre
Ils ne savent pas pourquoi ils vivent et dorment
Ils ne s'interrogent pas sur l'essence des formes

On ne pense pas à ce qui précède la nature fatale
On ne pense pas à ce qui donne vie à l'être fœtal
Ils vivent sur les fientes des erreurs et des torts
Une fraternité pécheresse condamnée à son sort

(…)

L'aube arrive sur les ramures encore endormies
L'air est frisquet sur les frondaisons raffermies
La nuit s'en est allée après une terrible tempête
Le jour chante la vie quand les oiseaux s'apprêtent

Je ris de ma nature sociale pas de mon essence
Je plains la culture dernière sa pauvre existence
Aux âmes bien nées la valeur c'est l'intrinsèque
Demain corps et esprit ne seront qu'obsèques...

Regardez les hommes et les femmes ils s'en vont
L'air empressé vers les lieux de grande perdition
Ils ne savent plus qui ils sont d'où ils viennent
Des créatures fourvoyées qui ne se souviennent

L'aube arrive sur les ramures encore endormies
L'air est frisquet sur les frondaisons raffermies
La nuit s'en est allée après une terrible tempête
Le jour chante la vie quand les oiseaux s'apprêtent

Jannys KOMBILA

MA SIRENE NOIRE

Ma sirène noire aux lèvres roses
Voilà que loin de toi tout est morose
Les nuits interdisent à mes pensées
De t'accorder des sentiments pansés

Mes mirettes ont gardé l'encens noir
Des amours qui n'ont pu m'émouvoir
Mais de toi je retiens l'émotion forte
Cette envie d'un baiser qui m'emporte

Mon regret est de t'avoir laissé partir
Te contempler sans force de te retenir
Et mon cœur en larme de maladresse
N'a pas su contenir sa belle tristesse

(…)

Il n'y a que tes lippes pour me soigner
Caresser ma frimousse s'en t'éloigner
Tout me paraît incertain dans ce tunnel
La vie nous donne trop de joie en flanelle

Si en toi il reste encore un peu de foi
Préserve tes pensées insensées de moi
Demain les pâquis d'automne nous inviteront
A danser sur les fleurs humides qui faneront

Ma sirène noire aux lèvres roses
Voilà que le temps me lit les proses
La mélancolie prend vie dans mes yeux
Mes sentiments vieillis te disent adieux

Jannys KOMBILA

AUX FEMMES QUI M'ONT AIME

Il est bien tard je sais mais je ne pourrais partir
Sans extraire de mon émanation ce grand repentir
La vie nous a tous trahi sans jamais se confesser
Une existence d'outrance des infidélités professées

De vous je garde le plaisir de ces moments lâchés
Des éclats de désirs aux conflits de paroles fâchées
Un baiser interdit sur des lèvres de péronnelle vierge
Tous ces pardons demandés devant la lueur d'un cierge

Aux femmes qui m'ont aimé sans larmes de tendresse
Ces vers en note melliflue c'est à vous que je les adresse
Il me reste que le parfum de vos charmes immaculés
Mon cœur absent se souvient de ces instants maculés

Pourquoi ne vous ai-je pas toutes aimé en serment
Pourquoi ai-je choisi certaines pour être leur amant
Les années sont à présent des faux témoins passifs
Qui de mes amours a eu raison de mes sentiments oisifs

Il est bien tard je sais mais je ne pouvais suivre cette horizon
Sans extraire cette fragrance de nécropole de tant de trahisons
Ils sont rares ces hommes dont le tort devient âme de lucidité
Avant permettez que je vous dise que vous étiez mes félicités

(…)

Jannys KOMBILA

VITRIOL DE VIE

C'est la société qui nous tue
Le monde n'a plus de vertu
La civilisation va à la perdition
L'homme est sa propre finition

Tout bouge avance mais recule
Tout est noir et l'argent circule
La vie est une sanction de lutte
Les pauvres marchent et butent

Quand tout va bien rien n'est fait
Quand tout est fait rien n'est bien
Le destin est saumâtre et imparfait
La monnaie nous échange en chien

(…)

Qu'est-ce que le pouvoir sociétal
Et la sociologie à la vision létale
Trop de discours aux airs de gain
Trop de fraudes en note de refrain

Le peuple a perdu sa grande sédition
Un soulèvement au goût de méditation
Il y a tant d'injustices et tant de délits
L'humanité est un chaos plus que folie

Je refuse de vivre dans cette étrangéité
Un Cosmos d'intérêt et d'enjeux déifiés
Nos rêves font figure à une autre réalité
Et nos cœurs perdus demeurent terrifiés

(…)

Qu'y a-t-il dans la conscience humaine ?
Je ne saisis point cette attitude hautaine
Des conflits sans fin au plaisir de l'histoire
Des guerres aux désirs d'hécatombe noire

Des génocides au ressentiment identitaire
Des griefs aux armes d'apartheid sectaire
Des législations qui emprisonnent la raison
Des gouvernants aux politiques d'oraison

Heureux la foi des condamnés qui espèrent
Une paix dans ce monde en bouleversement
Quand les dictateurs escarpés prospèrent
Et le tiers monde endetté en dépérissement

(...)

Jannys KOMBILA

ADYNAMIE

Je voudrais tout apposer et me résigner
Rester là et attendre mon heure désignée
Mais les heures sont lourdes interminables
Les saisons s'effacent sans faits favorables

Pourquoi rester quand tout ne va plus en moi
Pourquoi espérer revoir les oiseaux en émoi
La vie perd de sa vie et l'univers se pervertit
Les femmes fanent comme des êtres introvertis

Mais il y a l'amour comme celui du prochain
Qui nous donne vie et nous montre un chemin
Une autre vision qui nous apporte l'espérance
Sur nos mains d'esclaves pleines d'outrances

Aujourd'hui encore comme hier je ne sais pas
Pourquoi l'homme trahit son semblable et le bat
Trop d'ignorances dans ma tête d'incontinent
Comme ces jours où le voyage est imminent ...

Jannys KOMBILA

PORTRAIT DE DAMES TRAITS DE FEMMES

Il y a des dames de pouvoirs
Et des femmes de couloirs
Il y a des dames que l'on vexe
Et des femmes de sexe

Il y a des dames de raison
Et des femmes de maison
Il y a des dames de nuits
Et des femmes qu'on fuit

Il y a des dames de sorties
Et des femmes amorties
Il y a des dames de compagnie
Et des femmes sans manie

Il y a des dames de confiance
Et des femmes de méfiance
Il y a des dames violées
Et des femmes voilées

Il y a des dames veuves
Et des femmes qui pleuvent
Il y a des dames de pouvoirs
Et des femmes de couloirs

(...)

Il y a des dames jolies
Et des femmes de folie
Il y a des dames de jour
Et des femmes d'amour

Il y a des dames de sous
Et des femmes choux
Il y a des dames de désirs
Et des femmes de plaisirs

Il y a des dames de tendresse
Et des femmes sans adresse
Il y a des dames de rêves
Et des femmes de trêve

Il y a des dames de fiel
Et des femmes de miel
Il y a des dames d'orgueil
Et des femmes aux clins d'œil

Il y a des dames insensées
Et des femmes sans pensées
Il y a des dames jolies
Et des femmes de folie

(…)

Il y a des dames d'outrage
Et des femmes d'ouvrages
Il y a des dames de félicité
Et des femmes d'infidélité

Il y a des dames d'envie
Et des femmes de vie
Il y a des dames de cœur
Et des femmes d'auteurs

Il y a des dames insensibles
Et des femmes irrésistibles
Il y a des femmes d'errance
Et des femmes d'ignorance

Il ya des dames d'envergure
Et des femmes de bon augure
Il y a des dames de service
Et des femmes de sévices

Il y a des dames de sourire
Et des femmes au fou rire
Il y a des dames d'outrage
Et des femmes d'ouvrages

(...)

Il y a des dames de dignité
Et des femmes de vanité
Il y a des dames de voyages
Et des femmes volages

Il y a des dames d'approche
Et des femmes de reproche
Il y a des dames de fraternité
Et des femmes de maternité

Il y a des dames de fragrance
Et les femmes de flagrance
Il y a des dames d'allure
Et des femmes d'armure

Il y a des dames puériles
Et des femmes stériles
Il y a des dames de réveils
Et des femmes merveilles

Il y a des dames de luttes
Et des femmes de chutes
Il y a des dames d'harmonie
Et des femmes d'acrimonie

Il y a des dames rabat-joie
Et des femmes sans joies
Il y a des dames de dignité
Et des femmes de vanité

(…)

Jannys KOMBILA

PRES DE LA FENETRE…

Ce soir encore comme les autres soirs
J'étais là, debout et absent
Près de la fenêtre…
Le regard prisonnier de cette femme
Qui à l'autre fenêtre ignorait mon existence
Je l'avais nommé mon étrangeté
Elle était simplement gracieuse et admirable
Un visage d'une clarté ineffable
Elle me ravissait l'âme, elle m'emportait l'esprit
Qu'attend- elle pour effleurer mon regard
Qu'attend- elle pour sentir la passion coruscante
Qui dévorait mon être entier

(…)

Ce soir encore comme ces nuits froides
Je la voyais là, près de cette fenêtre
S'effacer et réapparaitre derrière ces rideaux
Mi voilés aux couleurs olivâtres
Elle ignorait que j'étais sa proie
Elle ignorait que j'étais son asservi volontaire
J'attendais impatiemment que ses yeux en feu
De velours s'amorcent aux miens
Que son regard s'ouvre à ma chaleur
Mais les nuits sont trop sombres et les jours trop clairs
Elle a séduit mon cœur sans effleurer ses sentiments

Ce soir encore comme ces clairs de lune d'or
Tout est enchanté, tout en elle m'illumine
Je la vois lanterner près de sa fenêtre toute nue
Le corps ambré, les seins s'offrant à la lumière
Le regard absent et lointain rivé vers l'inconnu
Comment lui dire ce que je vis
Comment faire taire mes émotions rutilantes

(…)

Ce soir encore comme les autres soirs
J'étais là, debout et absent
Près de la fenêtre…
Le regard éperdu et fasciné
Attendant que passe à l'autre loggia
Cette silhouette mirobolante
Que je lui dise enfin mon inclination
Près de cette fenêtre …
le cœur dévêtu

Jannys KOMBILA

EN COUPLE

En couple il faut vivre en chœur
S'aimer sans aucune animosité
Se dire tout et s'ouvrir à l'autre
Rire en harmonie
Se déshabiller avec envie
Pleurer de joie sans larmes chagrines

En couple on vit les heures
On se ravit des instants
Des lèvres mouillées
Pour dire « je t'aime »
Un regard en mélodie
Pour dire « je reste »
Des émotions comme le matin des fleurs

En couple il n'y a pas de trahison
Comme la sueur froide d'un frisson d'infidélité
Tout est plaisir et envie en récidive
Sexe sans commotions
Et troubles qui vexent

(…)

En couple il faut vivre en chœur
S'aimer sans aucune animosité
Se dire tout et s'ouvrir à l'autre
Rire en harmonie
Se déshabiller avec envie
Pleurer de joie sans larmes chagrines

En couple un oui suffit pour tout dire
Un engagement une promesse d'amour
Main dans la main
Marchant vers les pavés déserts
Le futur c'est toi et moi
Et l'amour qui nous embrase
Embrasse- moi le soleil est encore là…

En couple la brise nous parle sans maux
Elle nous invite au bonheur engendré
Caché sur les palmes de compréhension
Nous voilà choisis à nous de nous aimer
Sans penser au passé
Les yeux rivés vers le possible

Jannys KOMBILA

ESPACE ET TEMPS

« …formes à priori de notre existence »
Contemplez l'univers spatio-temporel
Scrutez les symboles
Flirtez avec la vigueur des représentations
Qui nous parlent dans une expression
De démence circonspecte
L'espace est en nous et hors de nous
Comme le temps qui nous tient
En écharpe et nous échappe…

Jannys KOMBILA

EFFLORAISON

**Laissons éclater
Nos humeurs
Nos peurs
Nos cœurs
Nos vaines rancœurs
Nos leurres
A toute heure
Et redessinons
A la folie des couleurs
Nos lueurs ambrées**

Jannys KOMBILA

PONT ASTRAL

Je veux Voyager dans l'astral
Dans son illumination d'ordre intemporel
De dépassement supra sensible
Belle passerelle
Je m'envole vers la rivière du cosmos intérieur
Vers les symboles illuminés
Qui pénètrent notre état de transe libérale...
Convie- moi à l'inter- communication
Le Mukudji* représente le viaduc
Il est inhérent aux deux mondes
Et nous permet de voguer
A travers les sphères parallèles
Il nous montre les layons complexes
D'un monde fuyant
Comme cette toile dans ma perception immaculée
Qui sollicite mon émotivité
Dans cette valse de ton en dégradé
De couleurs en émoi
Qui me parlent comme une vision vierge
Et inaltérée du Walhalla.

Jannys KOMBILA

* Masque Punu

LOGIQUE

Tout est sens et symbole
Comme cette nature verte de perception
Les figures nous parlent en vélum
Dans un langage de lucidité
Les nombres nous invitent
A l'initiation de l'intuition infinie des choses
Ils nous ouvrent à la connaissance
D'une logique plus que mathématique…

Jannys KOMBILA

ACCROC

Une déchirure comme un goût de plaisir d'anxiété
Les couleurs chaudes nous délivrent
De nos états d'âme mal pansés
Et tout s'exprime en note de peinture
Il existe des fresques qui sont une invitation
A la douleur melliflue des félonies d'amour
Ces fausses promesses d'une nuit enjouée
D'un soir d'été au couché de lune féerique
Si l'âme humaine est un précipice d'affliction
Alors la peinture est mon océan d'émotion.

(...)

Jannys KOMBILA

EVANESCENCE

La sensation est évasion
Dépassement des choses
Ame en quête d'être
C'est une fuite vers le gracieux
Un voyage vers la lumière des sons
Qui nous résonnent dans l'esprit
Comme les vagues des amours folles
L'homme est un éternel fugitif
Un prisonnier obstiné
Dissemblable au vent intemporel
Car il cherche son monde véritable
Son essence primordiale...
Fermons nos yeux
Comme ce visage derrière un vélum
Qui nous convie à la transcendance
Comme les stries faciales
Pointées vers le culminant
Qui nous indiquent la voie à prendre
Laissons-nous conduire
Dans ces autres mondes
Voilés par notre conscience chargée...

Jannys KOMBILA

SI J'ETAIS TA FLAMME...

Si j'étais ta flamme
Je ne t'aurais pas séduit
Mais je t'aurais aimé
J'aurais été là à ton chevet
Près de ta maternité
J'aurais arrosé à l'aurore
Les buddleias de tes émois
Je ne me serai jamais
Eloigné de tes yeux
J'aurais semé le pollen
Des vraies idylles amènes
Je t'aurais écrits des proses
Sur tes mains fines
A l'encre de sentiments
J'aurais été ce feu violent et doux
Comme une belle bourrasque de nuit

(…)

Si j'étais ta flamme
Je ne t'aurais pas oublié
Mais je t'aurais aimé
J'aurais été ton caprice
Ton ami ravi
Ton intime complice
Tu aurais été mon idéal
Ma félicité sans spleen de félonie
Ma rivière à l'aube des tropiques
Je n'aurais jamais tardé à rentrer
J'aurais été ton ombre
Sans lourdeur sombre
Je t'aurais partagé mes envies
Je t'aurais gardé sur ma poitrine
Pour réaliser nos vœux
Au clair d'étoiles dévoilées

Si j'étais ta flamme
Je ne t'aurais jamais perdu…

Jannys KOMBILA

O MON BEAU PAYS

Comme cette douceur d'un réveil à l'aurore
Me voici fils digne sur ton sein d'eau et d'or
Les jours me recueillent en pluie de souvenir
Dites à mon peuple que je vais souvent venir

J'ai en moi la sève maternelle de mon histoire
De toi je porte cet étendard qui sonne en hoir
Ma patrie mère les rêves m'ont porté le signe
Et dans mon cœur orphelin cet hymne digne

En vert je revois ma forêt équatoriale renaissant
En jaune le cercle de la sphère céleste unissant
En bleu la mer et les océans de mon empreinte
En nivelé le fanion de ma voie que j'emprunte

(…)

Ma nostalgie au levant te chante un air de Mvett
Comme cette harpe polyphonique que je regrette
Et voilà ma déesse au visage blanc sur ces échasses
Sous ses cheveux basanés elle nous guide en chasse

O mon beau pays tu as renié ton patrimoine indigène
Avec lui la sylve, la sagesse des pygmées homogènes
La lagune et les villages périssent sous les palétuviers
Comme ce piroguier ramant vers la crypte des éperviers

En vert je revois ma forêt équatoriale renaissant
En jaune le cercle de la sphère céleste unissant
En bleu la mer et les océans de mon empreinte
En nivelé le fanion de ma voie que j'emprunte

(...)

De toi je garde le rire affamé des enfants au déclin
Ces paysages au regard comblé sans toile de destin
Ma mère pilant le ditouka* à l'heure des ripailles
Sous cette case de terre étrillée en toiture de paille

Que je me souvienne encore de ces feux de bois
Des chiens mendiants et nonchalants aux aboies
Ces larmes chagrines d'un parent proche disparu
Ces plantations de tant d'ardeur aux fruits apparus

En vert je revois ma forêt équatoriale renaissant
En jaune le cercle de la sphère céleste unissant
En bleu la mer et les océans de mon empreinte
En nivelé le fanion de ma voie que j'emprunte

Jannys KOMBILA

* Banane plantain pilée en forme de boule

EDUCATEUR

Si la science donne le savoir
Moi j'instruis et diffuse la connaissance
Si la politique planifie le savoir faire
Moi j'enseigne le savoir être

Sexualisation
Clochardisation
Sont les maîtres mots du favoritisme
Qualificatifs des enseignants de notre ère

Je veux être un bon enseignant
Pour apporter aux apprenants
La science le savoir la connaissance
Et construire sur leur voie l'effervescence

Ici mondialisation
Là individualisation
Ici formalisation
Là démoralisation
Traditionalisation
Et modernisation
S'entassent et se cassent

MST
Moyennes scientifiquement transmises
Ou moyennes socialement traduites
Ou encore mesures sérieusement tributaires
On parle plutôt
De moyennes sexuellement transmissibles

Je veux être un bon enseignant
Pour apporter aux apprenants
La science le savoir la connaissance
Et construire sur leur voie l'effervescence

La déliquescence appelle la délinquance
La décadence appelle la déchéance
Mais la décence appelle la convenance
Et l'essence favorise la naissance

La moralisation vaut mieux que la démoralisation
L'inclusion est préférable à l'exclusion
Et la circoncision intellectuelle à l'excision in textuelle

Moralisateur je suis
Educateur je puis
Formateur je le fis

Je suis la voie de la formation
En tant que formateur
Je suis la loi de l'éducation
En tant qu'éducateur
Je suis l'endroit de la transformation
En tant que transformateur
Finir définir assainir est mon vouloir
Guérir bénir et servir est mon devoir

Je veux être un bon enseignant
Pour apporter aux apprenants
La science le savoir la connaissance
Et construire sur leur voie l'effervescence

Maurice MAMBA- Jannys KOMBILA

MERE...

Me voici après le temps et les espoirs fredonnés
J'ai appris la vie près de ton sein et amour donnés
Suis-je le fils que tu as désiré dans ces nuits pâles
Cet embryon à la vision incertaine mais déjà mâle

Comme je veux garder en moi cette mansuétude
Vivre en espérant rencontrer la vie sans désuétude
Te voilà vieillie par l'âge et les sévices de l'existence
Femme brave et pieuse la fratrie te portera assistance

Mère, Maman, Mame rangue* ma confession est jour
Orpheline tu arpentes avec foi les récifs qu'on encourt
C'est ton sourire qui m'a donné les armes pour lutter
Quand la vie nous affronte en adversaire sans buter

(...)

Je reste le moutard palabreur, l'engendré « Missossi* »
Le fils, le frère, l'oncle, le père, l'époux et l'ami aussi
Mon amour est incommensurable comme cet océan
Où j'ai gardé la vision d'un désir, d'un avenir béant

Mais de toi je garde la flamme cet éclair qui me réconforte
La volonté près de cet amour journellement qui m'exhorte
Que les années me préservent, je voudrais encore recevoir
Ta chaleur ta tendresse en vertu maternelle et m'émouvoir

Mère, Maman, Mame rangue* me revoilà déjà réfléchi
Le regard mûr par les drames qui nous laissent fléchis
C'est ton sourire qui m'a donné les armes pour lutter
Quand la vie nous affronte en adversaire sans buter...

Jannys KOMBILA

1* Maman Maganga
2* Patronyme de l'auteur qui signifie : les palabres en ipunu, dialecte du Gabon

KARMA

Tout au fond de nous
Il y a cette interrogation constante
Sur notre sort...
Sur le bilan moral de notre existence
Mais aussi de nos vies antérieures
Emotion karmique...
Pourquoi chercher à fuir la vérité
Quand tout nous ramène sans cesse
Au silence de notre ignorance
Les jours sont proches
Mais sommes-nous prêt
Pour nos reproches sempiternels

Jannys KOMBILA

BLEME CARESSE

Voilà que je pense à toi
En ayant le cœur en émoi
Te sachant faible et souffreteuse
Mes pensées restent hanteuses

Ton silence me parle en transe
Je veux me confier sans outrance
Comment te le dire tout est exigüe
Mêmes mes impressions ambigües

Le soir arrive te prendre pour amante
Moi loin de toi j'ai l'âme qui se lamente
Parle- moi sans taire toutes tes humeurs
Je souffre car je crois t'aimer sans tumeur

Et si on essayait de croire à cette idylle
Et si tu permettais mes lèvres habiles
Tes yeux sont pleins d'amour caché
Offres- moi tes sourires sans air lâché

Retiens- moi par un baiser énamouré
Je connais tes sentiments d'amour et
Dis- toi que cet instant on se l'accorde
Car le destin nous lie en fil de discorde

Jannys KOMBILA

EXALTATIONS ET LAMENTATIONS